2308.

UN MOT

SUR

NOS AFFAIRES.

UN MOT

SUR

Nos Affaires,

PAR

M. DE SALVANDY,

Député de l'Eure.

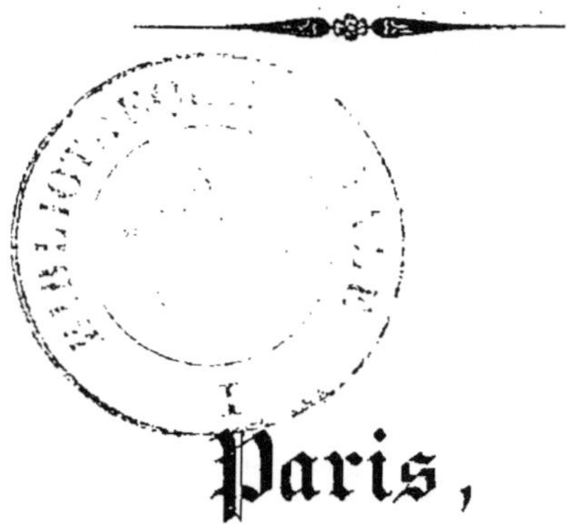

Paris,

IMPRIMERIE DE A. HENRY;

RUE GIT-LE-COEUR, N° 8.

1834.

Les considérations, que je soumets ici à mes collègues et au public, m'ont semblé utiles. Elles ne sauraient trouver place à la Tribune : leur étendue et leur diversité seules s'y opposeraient. Je les publie donc. Quel que soit le jugement qu'on porte sur les sentimens et les vues que je présente, on y reconnaîtra cet amour du bien public qui est le premier de nos devoirs, et qui, j'ose le dire, a seul dirigé ma vie.

TABLE DES MATIÈRES.

—

UN MOT

sur

NOS AFFAIRES.

CHAPITRE PREMIER.

SITUATION.

LE vote du 6 décembre a clos les quatre orageuses années qui viennent de passer sur la France. En révélant la pensée de la Chambre qui commence, il a commencé une nouvelle ère. Que sera-t-elle?

Ce vote solennel a statué en réalité sur le plus vaste procès qui ait jamais partagé un peuple, celui qui, depuis la révolution de 1830, a tenu toutes nos destinées en suspens tour-à-tour entre la Charte et le programme de l'Hôtel de Ville, entre la guerre civile et la paix publique, entre les Chambres et les clubs, entre les nouveaux pouvoirs et les vicissitudes sans terme, entre les systèmes divers de l'opposition et la politique du 13 mars. Inaugurée, il y a trois ans, sous le baptême de l'ordre du jour motivé, la politique du 13 mars vient de recevoir cette fois, de l'ordre du jour motivé, la pleine et entière possession des quatre années qui nous sont ouvertes. Qu'en fera-t-elle?

Cette politique a eu le mérite de chercher, dans une révolution populaire qui pouvait tout engloutir, des points d'arrêts, et elle s'y est tenue avec courage. Elle s'est appuyée, contre les perturbations politiques ou sociales, à la royauté, à la Charte, et à la propriété. Le problème qu'il lui faut résoudre, est d'accorder avec l'égalité des États-Unis, et les libertés de l'Angleterre, l'ordre et la force des monarchies européennes. Au dehors, elle repousse, de notre première révolution, l'esprit de propagande; de l'empire, l'esprit de conquête : elle accepte, de l'un et l'autre, leur gloire; elle s'en pare, elle s'en fortifie; le but qu'elle avoue est la paix, le premier des biens et la plus profitable des conquêtes, comme aussi la plus sûre des propagandes, et elle veut la paix, j'espère, avec l'ascendant : car l'ascendant fait partie des forces défensives des peuples. Au-dedans, elle doit être une politique de progrès pour toutes les idées généreuses, en même tems que de conservation pour tous les intérêts sociaux. Son honneur est d'avoir sauvé de l'ébranlement nos foyers, nos comptoirs, nos ateliers, nos autels. C'est par là qu'elle a obtenu l'appui des masses et la sanction du bon sens public; c'est par là qu'elle mérite le concours de quiconque comprend le siècle, sait l'Europe et aime la France!........ Elle avait été jusqu'à présent militante. A dater de ce jour, elle ne combat plus : elle règne. J'écris pour rechercher ce que doit être son gouvernement régulier, puissant et respecté.

Quand j'avance qu'à dater de ce jour, elle règne sans contestation, c'est qu'en effet c'était elle qui était en cause dans le grand débat auquel nous venons d'assister. Victorieuse long-tems des plus redoutables hostilités, elle vient d'échapper au dernier de ses périls, celui des divisions.

On a eu beau chercher à étouffer cette vérité sous les protestations les plus animées, la question, posée à la Chambre, n'était autre que celle qui l'a été si long-tems à la France, dans les luttes sanglantes et douloureuses des cités, dans les luttes opiniâtres des élections, dans les luttes solennelles de la tribune. Cette fois comme toujours, il s'agissait de savoir, enfin, si la force serait rendue au pouvoir, la stabilité aux institutions, et si le pays serait arraché à cette situation maladive et fébrile dans laquelle les révolutions jettent toujours les peuples.

Sans doute, la lutte se présentait autrement engagée qu'elle ne l'avait été jusqu'alors ; elle s'ouvrait sous des auspices différens. Les hommes d'ordre voyaient, avec regret, devant eux des adversaires inaccoutumés ; quelques-uns même, qui avaient marché avec éclat dans leurs rangs, pendant ces quatre années. Mais, de même que les protestations les plus sincères et les plus loyales de l'opposition constitutionnelle n'empêchaient pas qu'en

la combattant, on ne pensât vaincre encore l'a-
narchie armée, ainsi maintenant, était-ce l'opposition que l'on achevait de vaincre dans ses
alliés nouveaux. Quel était en effet leur corps de
bataille? Quelle masse d'opinions rendait le combat sérieux, et peut-être la victoire indécise? De
quels votes', en définitive, s'est composée la mi-
norité des cent dix-sept voix? Ce point établi,
qu'importeront les professions de foi personnelles, les maximes invoquées, les noms con-
servés sur les enseignes? Vous prétendez n'avoir
pas changé de drapeaux! Vous aviez changé
d'armée.

En politique, l'armée fait tout. C'est elle qui
pousse devant soi ses chefs d'un jour, qui leur
trace la route, et qui fait leur destinée, soit
qu'elle les entraîne sans résistance, ou les délaisse
comme des instrumens brisés. L'opposition était
cachée derrière les assaillans : c'était donc sa fortune qui s'agitait. Et, plus elle se taisait avec soin
dans le combat, plus on peut être assuré qu'elle
se réservait de parler haut dans la victoire.

D'ailleurs, de quoi s'agissait-il ? de divorcer
avec une partie des anciennes majorités, et, par
conséquent, de chercher à leur place, ou d'accepter des alliés ailleurs. Mais on ne rompt pas avec
des hommes, sans rompre avec des intérêts et des
idées. Quelles étaient ces idées, sinon d'ordre et
de pouvoir? Quels étaient ces intérêts, sinon de
conservation et de stabilité?..... En échange, que
prenait-on?

Evidemment, on rétrogradait, de gaîté de cœur, sur la route laborieuse que le pouvoir s'était frayée jusqu'à ce jour, parmi tant d'efforts. Sur cette pente rapide, ne s'arrête pas qui veut! *Le National* l'avait dit avec un grand bon sens, au 10 novembre. « Le pouvoir, bon gré malgré, gravitera vers nous, à reculons. »

Quel était donc réellement le fond du débat? C'était le repos public et privé, si cruellement compromis, si difficilement retrouvé, le règne paisible et incontesté des lois, la sécurité générale, tous ces biens pour lesquels les sociétés existent, que les Gouvernemens doivent aux nations, sous peine d'être délaissés par elles, et que nul ne peut, sans crime, jouer capricieusement, pour la satisfaction de ses inimitiés, de ses ressentimens ou de ses regrets.

Supposez que la Chambre eût rendu une décision contraire, quelle eût été la situation générale des affaires le lendemain ? Que serait-elle aujourd'hui ? On ne craint pas de le dire, la sécurité n'existerait déjà plus. Dès la première heure, scission éclatante entre le pouvoir et les hommes qui avaient travaillé, avec le plus de dévoûment et de lumières, à le dégager des étreintes de l'anarchie, à le relever et à l'affermir. L'étonnement et l'anxiété de tous les citoyens paisibles répondraient aux chants de victoire des partis. La république aurait des joies mal contenues. La joie serait bruyante, et officielle chez les interprètes de cette opposison à la fois injurieuse et légale, à la fois cauteleuse et systématique, qui a rendu le plus difficile à Casimir Périer et à ses successeurs, leur périlleuse tâche. Des noms, célébrés sous ces auspices, formeraient le bruyant cortége des dépositaires nouveaux de l'autorité suprême. A cette secousse profonde, tous les intérêts auraient dès l'abord pris l'alarme. La France croirait voir son Gouvernement entraîné dans la voie des concessions imprudentes, et des retractations fatales, c'est-à-dire inconsistant, débile, incapable de tenir tête aux exigences croissantes des partis, destiné à réveiller toutes les espérances subversives, et ne pouvant rien que nous rendre tous nos malheurs. Les esprits sérieux le jugeraient inhabile à modérer et conduire la révolution espagnole, à traiter sûrement avec l'Angleterre, à imposer au continent, à maintenir partout la paix, en la conservant forte et digne. Est-il besoin de dire que le commerce troublé, l'industrie suspendue, le crédit vacillant, accroîtraient les alarmes générales par leurs alarmes, et les difficultés par leur résistance croissante ? Alors, on verrait, une fois encore, les amis du cabinet nouveau aggraver le mal profondément, en expliquant, dans leurs journaux ministériels, par les douleurs des *loups-cerviers de la finance, du commerce, de l'agiotage,* désespérés, diraient-il, à l'aspect de tous les désintéressemens et de toutes les vertus intronisés tout à coup dans les conseils de l'Etat ! Car c'est la ressource de tous les Gouvernemens assis sur des bases mauvaises, de s'expliquer leur faiblesse par des titres de gloire ; et je ne serais pas surpris que le Directoire n'eût aussi attribué à ses vertus la détresse croissante et le soulèvement universel qui le dévorèrent..... Mais je prie de remarquer que le trouble des intérêts et des esprits, tel que je le retrace, n'est pas le moins du monde un tableau d'imagination. Nous l'avons vu trait pour trait, et parole pour parole, pendant la plus courte des expériences, celle du 10 novembre.

On a vu, alors, ce que trois jours pouvaient coûter d'affaiblissement au pouvoir, d'ébranlement à la société, d'espoir et d'audace aux passions. Qu'on mesure ce qu'eût fait une tentative sérieuse et prolongée, forte qu'elle aurait été de l'autorité de la Chambre, et dès-lors destinée à rester plus forte long-tems que les alarmes des citoyens et que la sagesse du trône ! La France, avec les plaies profondes qu'elle porte en ses flancs, avec les périls qui l'environnent, la France ne saurait, sans compromettre toutes ses destinées, courir de tels hasards. Elle ne peut impunément rester démantelée devant l'anarchie : ce serait l'être aussi devant l'étranger.

Au contraire, que se passe-t-il ? Jamais le crédit n'a eu un plus vaste essor qu'à la nouvelle des résolutions de la Chambre. Nul intérêt n'a conçu d'ombrage : la sécurité est partout, et, après tant et de si profondes commotions, au milieu de tous les spectacles divers que l'Europe nous présente, on ose soumettre à son pays des pensées d'avenir.

Ce contraste tient à ce que, par une autre décision, la Chambre aurait reperdu, en un jour, toutes les batailles que l'ordre a gagnées depuis 1830; par ce qu'elle a fait, elles les a toutes scellées : elle a complété l'ouvrage de la garde nationale et de l'armée, prodiguant leur sang pour la cause des lois. Elle a couronné l'entreprise courageuse des deux législatures qui la précédèrent. La politique conservatrice et tutélaire était parvenue à conquérir le présent : un vote lui a donné l'avenir.

Par là, le point d'arrêt de la Charte et de la royauté est devenu insurmontable pour la révolution ; il y a, par cela seul, une trève forcée entre les partis belligérans. Un gouvernement régulier, pacifique, robuste et incontesté, est constitué enfin; il se présente à ses ennemis divers avec un sceau devant lequel les hommes de sens inclinent toujours la tête, celui de la nécessité. Né de la nécessité, soutenu par elle, ayant évidemment pour lui le génie du siècle et la fortune, il verra tomber la foule des hostilités aveugles, avec les espérances insensées. Il serait coupable, s'il ne remplissait pas la tâche qu'on lui traçait hier, et qu'hier il n'aurait pu remplir, celle de fermer nos plaies, d'étouffer nos discordes, de rapprocher les esprits. Car le voilà fort! et les gouvernemens forts ont seuls le privilége de pouvoir être conciliateurs; les autres sont faibles et pusillanimes devant les factions dominantes, impitoyables pour les partis vaincus. La voix éloquente de M. Sauzet a raison de vouloir que le pardon se montre assis sur les

marches des trônes ; mais ce ne peut être que le
lendemain du jour où l'on y a fait asseoir la sécurité, le respect et la puissance.

La sécurité devient la richesse des citoyens, en
même tems que la force des institutions. La foi
dans le lendemain est le premier des biens en
vue desquels il y a des gouvernemens parmi les
hommes. Quel peuple, quel empire, dans ce tems
orageux où nous vivons, pourrait se vanter avec
certitude d'avoir à dépenser un budget de cinq
années ! Dans le repos laborieux et animé que nos
lois comportent, toutes les expériences utiles
pourront être tentées ; déjà toutes les sources de la
richesse publique peuvent être hardiment explo-
rées à la fois. Tous les progrès doivent solliciter le
génie national et lui offrir des conquêtes glo-
rieuses. Accrue par nos prospérités, servie par
notre sagesse dans l'admiration des peuples autant que dans le respect des couronnes, notre
puissance s'agrandira d'une situation qui va per-
mettre aux dépositaires de nos intérêts et de
notre honneur, les premières conditions d'une
politique habile : je veux dire la prévoyance, la
suite, la persévérance des desseins, qualités par
lesquelles vous voyez les cabinets à politique sé-
culaire, quel que soit le génie des institutions ou
celui des peuples, venir à bout, tôt ou tard, des États
sans fixité dans les conseils et dans les lois.

Ces résultats ne pouvaient être acquis que par
un verdict définitif des Chambres sur nos longs et

cruels démêlés. Les sanglantes et nécessaires victoires de la garde nationale et de l'armée étaient des jugemens de Dieu à la manière des tems féodaux. Ceux-là ne sont point sans appel. Ils ne lient point les peuples. Ils risquent bien plutôt de les provoquer à des collisions nouvelles. Les États libres ont une juridiction plus décisive et plus haute, celle des élections, celle du pays statuant en connaissance de cause, sur plaidoieries, avec réflexion et maturité. Nous venons d'ouïr le verdict de la France.

La Chambre de 1834 pouvait seule le prononcer. Les élections de 1831 s'étaient trouvées trop voisines de nos grandes commotions pour avoir cette vertu. Les questions, d'ailleurs, n'étaient pas encore assez nettement posées. Et, consumée déjà par le vote anticipé des budgets, la législature n'avait pas alors assez d'avenir pour en donner au pouvoir, ni au pays.

La législature présente est venue dans des tems meilleurs. Il lui était réservé de porter dans la balance tout le poids de la volonté des Français et tout celui de leur puissance. La décision qu'elle devait rendre était réservée à une fortune rare dans le tems où nous sommes. Elle n'allait pas prononcer seulement sur le jour qui s'écoulait.

Quelle était cette décision qu'elle apportait? Dans le principe, ce n'était assurément chose douteuse pour personne. Le doute est venu, depuis, par la plus étrange des fatalités. Près de six mois en ont été troublés et perdus pour la chose publique. Parlons de ces six mois d'inquiétude et de malaise. Nous traiterons ensuite de l'ère véritable qui est ouverte. Dès à présent, nous pouvons résumer notre avis en deux mots : Le règne des passions est fini, celui des affaires est venu.

CHAPITRE II.

EMBARRAS DE LA SITUATION , DURANT LES SIX PREMIERS
MOIS DE LA CHAMBRE NOUVELLE.

DEPUIS six mois , le spectacle le plus étrange
était donné. En pleine monarchie constitutionnelle, en pleine publicité , la France était trom-
pée par un mensonge, elle était tourmentée par
une intrigue , comme pourrait l'être un Roi ab-
solu.

Si jamais élections furent significatives, ce sont
celles de 1834. La politique d'ordre et de conservation y avait incontestablement reçu la sanction
éclatante de la raison publique. Nous disons incontestablement : car tout le monde en était con-
venu. Tous les partis l'avouèrent de concert; tous
saluèrent d'une réprobation égale les colléges
électoraux et l'assemblée nouvelle. Une plume *pa-
triote* de grande renommée, traçait les mots d'*avi-
lissement du pays,* d'*abjection de la France.* Les oppositions, en destituant la patrie même de leur estime, proclamaient assez qu'on les avaient destitués
de tout espoir.

L'esprit de la Chambre éclata le premier jour. On put voir que chez elle l'amour de l'ordre était frémissant, que nuls écarts ne seraient soufferts ; et le chiffre comme le zèle de la majorité fut caractérisé dans tous les journaux ennemis par une comparaison que M. le Président de la Chambre a cru devoir leur emprunter ces derniers jours, pour la transporter à la tribune la comparaison de la Chambre avec les *Trois Cents*. En un mot, les outrages et les anathèmes grondèrent de toutes parts sur l'assemblée. C'est le sacre des pouvoirs, par le tems qui court.

La nomination de la Commission de l'adresse suscita un redoublement de ces colères. Au fait, l'opposition ne comptait qu'un de ses membres sur les neuf élus. Encore était-ce l'un des plus modérés comme des plus éminens (M. le baron Bignon). Ensuite venait l'habile rédacteur de toutes les adresses précédentes, dont aucune n'avait agité ni le pouvoir, ni le pays. Sans parler de l'honorable membre, les sept autres étaient considérés comme ayant voté la loi d'association et repoussé en particulier l'amendement de M. Teste. La presse révolutionnaire avait donc lieu de s'indigner.

L'adresse fut présentée. Je déclare qu'en mon âme et conscience, sauf une locution exorbitante dans le paragraphe relatif aux finances, je l'approuvai fort. Je lui sus gré de parler de la sainteté des lois et de la nécessité de l'ascendant moral du pouvoir, sans renouveler aucune de ces concessions banales des adresses antérieures à l'esprit orageux du tems. Du reste, elle professait les grands principes de royauté et de liberté unies, que le Ministère du 13 mars et celui du 11 octobre avaient proclamés depuis quatre années. Elle saluait *le rétablissement de l'ordre comme un grand bienfait...* Le bienfait, ou, pour parler plus convenablement, le mérite et l'honneur de quels hommes, sinon de ceux qui avaient tenu le gouvernail dans la tourmente ! Deux moyens avaient été employés par eux : les armes et les lois. L'adresse remerciait la garde nationale et l'armée de leur héroïsme contre les factions. L'adresse remerciait le Gouvernement de la courageuse exécution de ces lois que les fractions les plus modérées de l'opposition avaient le plus vivement combattues. L'adresse, enfin, glorifiait l'alliance anglaise et le traité de Londres comme éminemment conformes à la politique de la France. Je ne comprends donc pas que la Chambre pût parler ni plus net, ni plus haut. Plus, eût été contraire à la dignité de la Chambre. Plus, eût été de la louange, et les Chambres n'accordent des louanges qu'aux Ministres morts : c'est mieux qu'une statue. On se contente de donner aux Ministres vivans force et appui. C'est déjà un piédestal.

M. le comte Jaubert a rappelé que tous les orateurs des anciennes majorités s'inscrivirent pour appuyer l'adresse ; les orateurs de l'opposition, pour la combattre. Mais, au jour venu, quand il fallut, du milieu du calme de nos cités et de la disposition manifeste de la Chambre, ouvrir le combat qu'on attendait, l'opposition fit tout entière défaut. Les amis du Ministère durent se taire à son exemple. C'était la première fois qu'une opposition se rencontrait face à face avec le pouvoir dans l'arène parlementaire, et se reconnaissait impuissante à offrir le combat. Rien n'attestait mieux la victoire pleine et entière de la politique du 13 mars.

Cependant, dès le lendemain, des nuages s'élevèrent. Dès le lendemain, s'ouvrit une lutte nouvelle que la France a contemplée jusqu'à ces derniers jours, sans la comprendre. Il faut l'expliquer.

Tous les camps politiques se divisent après la victoire. C'est ce qui advint de celui de juillet 1830, camp si vaste, que la monarchie fut renversée à son premier assaut ; mais aussi, en se divisant, forma-t-il plusieurs partis, nombreux, puissans, légitimes. Je dis légitimes, parce que chacun renfermait une grande masse d'intérêts réels et profonds, parce que chacun s'appuyait à une portion considérable de la société française, parce que chacun s'autorisait de principes vieux comme le monde et dignes de partager les peuples. On peut douter que la démocratie sans contre-poids soit la plus sûre gardienne de la liberté, comme M. Odilon-Barrot a paru prêt à le croire souvent. On pouvait reculer devant les conseils de M. Mauguin, et craindre que ce fût mal servir nos intérêts extérieurs, que jeter le gant à l'univers. Mais assurément, on n'aurait point le droit de dire à des adversaires, qui soulèvent de telles maximes, qu'ils n'apportent que des ambitions personnelles dans la mêlée. On est obligé de reconnaître en eux les représentans de grandes causes. Leurs accens généreux ont même bien souvent un écho dans l'âme de ceux qui les combattent. Pour mon compte, jamais je ne les ai combattus, sans aspirer au tems où la France ayant prononcé sur ses destinées, et nos rapports, avec l'Europe étant fixés sans retour, nous pourrions tous, comme de loyaux contendans, lorsqu'un procès est jugé, nous donner la main et marcher de concert à la conquête des grandes destinées de la patrie.

Le camp du 13 mars ne pouvait échapper à cet universel destin de se diviser pour le partage de l'empire, quand l'empire ne lui serait plus disputé. Le jour où on n'a rien à craindre de ses ennemis, on a tout à craindre de soi-même. Mais, cette fois, il n'était pas donné aux dissidens de se constituer en partis réels et sérieux. Pour former un parti, il faut des intérêts généraux ; et il n'y en avait pas de distincts qui pussent se séparer de la cause commune. Il faut des idées générales ; et les idées d'ordre ne peuvent se partager : on s'en saisit, ou bien on les abjure. Entre ces deux alternatives, il n'y a pas de moyen terme.

Dans cette situation, les démembremens n'ont aucune portée sérieuse. Ils ne peuvent entamer ni un grand peuple, ni ses assemblées. Ce ne sont pas même des coteries, parce que ce mot comporte une certaine communauté de principes, une

certaine fidélité d'attachemens, et que de mauvais vouloirs, des inimitiés particulières, des
intérêts privés, ne produisent rien de tout cela;
ces rencontes fortuites forment des intrigues,
une cabale, tout ce qu'on voudra : mais enfin
ce ne sont pas des partis.

Que peut devenir dans le Gouvernement représentatif une scission toute personnelle, par-
faitement étrangère à tous les sentimens publics, et réduite, ou à s'autoriser des principes
mêmes de ses adversaires, ou à s'énorgueillir de
n'en point avoir? C'est un redoutable cercle vicieux,
si redoutable que les deux choses sont advenues à
la fois. D'une part, on repoussait jusqu'à la pensée
d'apporter aux affaires un système ; ce mot même
blessait. De l'autre, on invoquait celui du 13 mars,
on prétendait en être dès long-tems avant qu'il
fut inventé ! Dans les deux cas, on tombait forcément devant les Chambres. Dans le premier,
comment solliciter, comment conquérir l'adhésion
confiante d'un corps politique? Dans le second,
il n'y a plus qu'une question d'hommes nûment
posée, et une assemblée n'a point de ces choix à
faire. Ici, le choix même ne lui était pas laissé.
Quand on se vante d'avoir refusé *sept fois* le pouvoir dans les jours difficiles, on a renoncé trop
évidemment et à le rechercher et à le recevoir
dans les tems meilleurs.

J'admire qu'on ait pu comparer cet incident à
la fameuse levée du bouclier de M. de Châteaubriand et ses amis contre l'administration de

1825. En rompant avec M. de Villèle, l'éloquent publiciste ne prétendait pas défendre encore les principes de M. de Villèle : il les foudroyait. En voyant le droit d'aînesse, le sacrilége, la censure se planter comme des jalons sur la route que frayait son adversaire à la royauté, il se précipitait au-devant d'elle pour lui barrer passage, l'empêcher de courir aux abîmes; et la digue qu'il opposait, c'était la Charte. Le levier qu'il saisissait, c'était les nouvelles idées et les intérêts nouveaux. Le point d'appui où il cherchait sa force, c'était la France constitutionnelle. Voilà une grande cause. L'éloquence et le génie sont là du luxe. M. de Villèle ne pouvait se passer de ses trésors d'habileté pour soutenir la lutte. Pour triompher, M. de Châteaubriand aurait pu se passer de ses trésors d'éloquence. Quand nous tous qui avions défendu de tout tems les intérêts et les principes de la monarchie constitutionnelle, nous vîmes ce renfort arriver sur nos lignes, former notre avant-garde, et démanteler d'autant les ligues toutes artificielles et chancelantes de la réaction, nous comprîmes bien que nous avions vaincu.

Mais ici, quoi de semblable! s'agissait-il des intérêts nouveaux, des nouvelles idées, de la Charte, de la royauté, de la monarchie constitutionnelle? C'étaient les positions du pouvoir et de la majorité. Les assaillans entendaient également y tenir; ils n'avaient, pour se distinguer, et appeler à eux la France, que quelques sous-en tendus, quelques commentaires, quelques scholies de cette adresse que la Chambre avait votée la veille. La Chambre absente, tout pouvait se dire; tout s'est dit. L'opposition s'est employée tout entière à grandir ce quiproquo de l'adresse à l'égal de celui de l'Hôtel de Ville. Sur ce frèle espoir, s'est formé tout un Gouvernement en expectative, le rival de l'autre, élevant drapeau contre drapeau, et croyant diviser la France parce qu'il l'étonnait. À la fin, tout s'est trouvé double un jour. Il y a eu deux adresses, deux ministères, une branche cadette et une branche aînée du système et de la généalogie de Casimir Périer. Étrange fantasmagorie qui a troublé le pays, agité son Gouvernement, surpris l'Europe, jusqu'à ce qu'un jour il lui a fallu se produire à la lumière, et tout a disparu.

Il était tems. La veille de la réunion de la Chambre, nous étions près d'avoir deux royautés, trois journaux en étaient à appeler tel traitement *la liste civile de la démocratie*; telle demeure officielle, *l'Hôtel de Ville de la France*. M. Dupin a sûrement voulu faire comprendre son dégoût de ces folies, en portant à la tribune les deux vers de La Fontaine si éternellement vrais :

> Rien n'est si dangereux qu'un imprudent ami;
> Mieux vaudrait un sage ennemi.

Pour mon compte, j'ai peu compris la plupart des choses que nous avons vues durant ces six mois d'étourdissement public, et je crois que si on avait marché à travers ces fantômes, comme Enée, ils se fussent d'eux-mêmes évanouis.

Sans remonter plus haut, j'ai regretté vivement que le malentendu de l'adresse fût pris au sérieux, que des propositions hostiles y fussent reconnues, que le pouvoir semblât dès - lors mécontent du langage que la Chambre avait tenu ; c'était, selon moi, donner un corps à une ombre. Et, dans tous les cas, s'il avait pu être vrai que, dans le travail de la rédaction quelque équivoque timide eût été glissée, c'aurait été, dans notre monarchie constitutionelle, une réminiscence et un plagiat de la monarchie absolue, qui n'auraient pas valu la peine qu'on les relevât.

J'ai blâmé la retraite du Ministère devant des difficultés dont aucune ne semblait insurmontable; non pas qu'il n'y eût sûrement, à côté des difficultés qui ont été révélées, des excuses qu'on n'a pas dites, et qui pouvaient n'en être pas moins réelles, ne fût-ce que la lassitude des calomnies et des outrages, le dégoût du pouvoir tel que l'ont fait les tems, et cette ambition nouvelle de la retraite, au sein de laquelle des hommes de talent sont toujours sûrs de trouver dans les Chambres, par une situation selon leurs principes, des places éclatantes, respectées et irresponsables. Mais ces excuses et beaucoup d'autres ne justifieraient pas encore une détermination qui compromettait profondément les intérêts publics. Si l'on a toujours le droit de refuser le pouvoir, une fois qu'on l'a pris, on appartient à la cause qu'on sert, à la majorité qu'on représente. La désertion n'est pas permise dans les rangs obscurs. Le serait-elle chez les chefs ?

J'ai regretté la polémique engagée, avant et depuis ls crise ministérielle, contre les opinions intermédiaires, que le *Constitutionnel*, *le Temps* et l'*Impartial*, si je me trompe, avaient, par honneur, appelé les premiers, le tiers-parti. Je n'ai jamais cru que les mauvais vouloirs qui s'agitaient au-dessus, et en quelque sorte en dehors de la Chambre, trouvassent dans son sein aucun appui systématique. A mon avis, on donnait ce nom, des deux parts, à une foule d'esprits sincères et de convictions inquiètes, qui sont destinés à être long-tems nombreux dans les assemblées parmi nous. Les fixer, en les rassurant, est la condition du pouvoir ; les blesser, me paraîtrait impolitique ; les méconnaître, injuste. On doit honorer en eux la droiture qui, dans toutes les questions vitales, les a, malgré beaucoup de penchans contraires, ramenés toujours du côté du Gouvernement et des lois. Dans tous les cas, c'est une conquête honorable qu'il faut tenter. Et, on doit se garder d'accepter une rupture avec eux, par cette raison qu'on n'est jamais trop nombreux, puisqu'on n'est jamais trop fort.

L'avourai-je enfin ? Je me suis étonné du gant jeté par le Ministère à ses adversaires connus ou inconnus, de sa demande d'explications formelles, et par suite de la nécessité de l'ordre du jour motivé. A mon avis, le pouvoir ne doit jamais lancer de défi. Médiateur universel, il se borne simplement à se défendre. Je n'admets pas d'ailleurs, qu'il puisse ainsi se déclarer en question, et s'y mettre lui-même. Il est, il marche. L'attaque qui ose, le renverse qui peut. Il a pour lui le fait, il a le droit. Le général Bonaparte répondait aux plénipotentiaires autrichiens qui voulaient reconnaître, par le premier article du traité de Campo-Formio, la République française : « Effacez ce mot, on ne reconnaît pas le soleil. »

Mais maintenant, je me hâte de le dire : tout a tourné au profit de l'ordre, et le pouvoir s'est affermi par les choses mêmes qui semblaient les plus propres à l'ébranler.

C'est un fait que l'adresse avait eu le destin du livre de Jansenius. On s'était demandé, six mois durant, si les propositions fameuses y étaient ou n'y étaient pas; on avait dû croire qu'elles n'y étaient pas, en voyant son rédacteur, et en quelque sorte Jansenius lui-même, repousser, lors de la première discussion, toute pensée offensive. En l'écoutant, depuis, demander aux ministres s'ils acceptaient son ouvrage, on avait pu penser qu'elles y étaient. Comment regretter encore de l'avoir entendu déclarer qu'il n'y avait jamais songé; que l'adresse avait parlé des principes, des personnes nullement; qu'elle avait été fidèlement calquée sur les documens semblables des quatre années précédentes? De sorte que l'habile écrivain a, d'un mot, désavoué tous les commentaires des partis; d'un mot, renvoyé à la presse opposante les orages

qu'elle avait soulevés; d'un mot exposé les inter-
prétateurs subversifs ou injurieux à n'être plus
pour la France que des calomniateurs! Entre eux
et lui le débat.

Comment regretter la crise ministérielle qui a
menacé un moment de détendre tous les ressorts
de l'État? On sait maintenant qu'un Ministère ne
peut être brisé sans que la politique générale ne
soit compromise. On sait que l'ébranlement du
pouvoir entraîne l'ébranlement de tous les intérêts
du pays et de toutes les garanties de l'autorité.
D'une part, le pays apprend qu'il y a quelque
malheur a avoir démantelé si bien la puissance publique, à l'avoir si bien dépouillée de toutes les
garanties et de tous les prestiges, qu'il advienne
à la fois ces trois choses : que ses dépositaires
soient trop facilement prêts à la délaisser; que les
hommes considérables, appelés par la couronne,
reculent à l'envi devant un fardeau sans dédom-
magement, et que, dans des rangs secondaires,
chacun puisse, au contraire, attendre, des inévita-
bles embarras de la royauté, la chance de se saisir
des rênes de l'État.

D'autre part, le pouvoir se relève et se fortifie
par cette conviction, désormais générale, qu'il
n'y a point de politique parallèlle, qu'à côté de lui
sont les ambitions sans portée, les coalitions sans
système, les essais enfin sans avenir. C'est qu'en
dehors de la majorité, il n'est qu'une chose qui
soit constitutionnelle : l'opposition, avec ses œu-
vres, ses maximes et ses chances.

Mais il faut le dire, dans une combinaison émanée de l'*Hôtel de Ville de la France*, rien ne se ressentait de l'esprit du régime constitutionnel ; et je ne puis me dispenser de le remarquer, pour l'honneur de nos institutions : la tentative du 10 novembre aura rendu le service de démontrer, d'une façon éclatante et mémorable, l'impuissance de toutes les combinaisons formées en dehors des conditions parlementaires. Jamais cabinet ne fut plus étranger à l'esprit et à l'action des Chambres ; aucun n'a moins vécu. Un seul de ses membres, occupait sans contestation dans la Chambre des Députés cette place éminente, dont il faut être en possession pour qu'il n'y ait pas le plus périlleux des dévoûmens à accepter l'honneur redoutable de servir de lien entre le trône et les assemblées représentatives : sa retraite a tout entraîné. Remarquez encore qu'il a été rendu depuis vingt ans de grands et mémorables combats, par l'opposition constitutionnelle pour la Charte, par l'opposition armée, en juillet 1830, pour la Charte et la révolution, par la majorité de 1830 et de ces quatre années pour la Charte et la royauté ; par une distraction étrange, aucune de ces grandes luttes n'était représentée dans le cabinet : le cabinet, malgré ses noms honorables si cruellement compromis, et dû d'abord se dissoudre. Qu'on n'eût pas songé a l'alliance anglaise, aux sentimens et aux souvenirs de l'Espagne, à nos rapports avec l'Europe, je passe condamnation ; mais au moins dans notre régime constitutionnel, faut-il un plan, un dessein, des idées communes, et tout est contradiction et désaccord. Tout le restera. L'illustre avocat de la combinaison du 10 novembre célèbre son union avec un maréchal illustre. Voulait-il l'amnistie comme M. le maréchal Gérard ? Il a nommé l'éloquent orateur de Lyon son *ami*, et on sait ce qu'en politique ce mot veut dire. Aspire-t-il, comme M. Sauzet, à la réconciliation universelle ? Professe-t-il, à l'exemple de cet ami redoutable, l'oubli de tous les conflits de ces quatre années ? Mais, dans ce conflit nouveau, contre la majorité, M. Dupin conserve un si vif ressouvenir des assauts qu'il livra jadis à l'opposition, qu'on l'a vu avec surprise railler encore *les trois voyages obligés de M. Mauguin en Europe*, et flétrir du nom de *cosmopolite* une politique téméraire peut-être et funeste, mais assurément très-nationale, très-française, et faite pour arriver, par plus d'un chemin au cœur de quiconque s'émeut à la pensée des grandeurs et des revers de la France !

Certes, l'honorable Président pouvait se dispenser de couronner tous les oublis des notions communes du système constitutionnel, en donnant l'exemple nouveau d'interpeler des absens et de prendre des feuilles publiques à partie du haut de la tribune, pour défendre tout à la fois le tiers-parti et pour le renier ! La preuve, pour les plus incrédules, que rien de tel ne se rencontre dans les rangs de la Chambre, c'est que les hommes habiles et renommés auxquels cette dénomination a été parfois appliquée, à l'exception d'un seul, ne figuraient pas dans la liste ministérielle. Une preuve plus sûre encore, c'est que s'il y avait eu concert entre de tels hommes, rien de si excentrique n'aurait apparu. Il y a de l'esprit de Gouvernement dans toute réunion formée au sein des Chambres, et, ce qui caractérise tout ce qu'on a vu, c'est qu'il n'y en avait pas.

Ajouterai-je que, ne fussent-elles pas devenues nécessaires dans la situation où tout le monde se trouvait jeté par ces déviations, les explications seraient d'ailleurs justifiées suffisamment par tous les résultats qu'elles ont mis en lumière ?

Elles ont manifesté le vide de tous les obstacles suscités depuis six mois. Elles ont réduit à néant la tourmente de main d'hommes que nous avous eue. Elles ont fait voir l'opposition condamnée à se taire dans les plus grands démêlés, ou bien abjurant des dissensions désormais sans but, deux choses qui attestent également la fin des tourmentes véritables. Il reste avéré que les principes d'ordre sont les seu!s dont puissent se prévaloir tout haut les partis qui aspirent à la puissance. Il reste avéré que les scissions même de la majorité ne compromettent pas sa fortune. La concorde se rétablira dans ses rangs par ce sentiment, et ce qui l'affermira, c'est que personne ne pourra se croire investi de la puissance d'Eole, et maître de nous donner à son choix le calme ou la tempête.

Les hommes éminens savent tous aujourd'hui, pour la leçon de leur orgueil et pour le repos du

pays, qu'ils sont bien peu de chose en comparaison avec le pays même, qu'ils se rappetissent toujours dans ce parallèle, qu'on ne peut demander
à une nation libre de se partager que sur les principes contraires. Et ici, encore une fois, on n'en
alléguait pas. On faisait plus : on se glorifiait de
n'en pas avoir.

Une vérité que les partis pourront nier, mais
que l'Europe comprendra, c'est que le pouvoir
sort de cette lutte agrandi et fortifié. Car il a
reçu le sceau d'une sanction éclatante. Il s'est
retrempé aux sources de sa vie. C'est une pyra-
mide complète. Au faîte, les gouvernans ; au
centre, les Chambres, et, pour première pierre, le
corps électoral, c'est-à-dire la France.

La France aussi aura grandi dans les respects du
monde par le spectacle de ce carrousel magnifique
de la raison et de la parole. Jamais les plus chers intérêts d'un grand peuple n'avaient été débattus avec
cet éclat et cette solennité. Là, le pouvoir était à qui
saurait le conquérir: un nouveau venu a été près de
l'emporter. La France peut d'autant mieux s'énorgueillir de cette gloire de plus qui se découvre,
que, dans la plus animée des harangues, rien n'a
été contraire aux intérêts de son repos et aux besoins de sa politique. La voix éloquente de M.
Sauzet n'a posé aucune maxime qui le sépare du
pouvoir; il y a dans ce premier essai de sa force un
pont plutôt qu'une barrière.

Le vote de la Chambre a heureusement couronné
cette controverse superbe. Entre les deux adresses,

les deux gouvernemens, je voudrais pouvoir dire les deux politiques, la Chambre a prononcé ; elle a voté un long repos pour les peuples, un avenir pacifique pour le pouvoir. Je ne dirai pas que ce vote a terminé la révolution ; qui ose plonger dans l'avenir ? J'affirme qu'il l'a suspendue. Le jour qui finit nous laissera attendre, sans alarme, le jour qui doit suivre : nous ne tremblerons pas pour tout ce qui nous est cher et sacré. Le sol, de long-tems, ne tremblera plus sous nos pas.

Maintenant, si nous cherchons les causes du trouble étrange des six derniers mois, pour en déduire les moralités, nous trouverons que cette dernière secousse de nos longues commotions est venue de ce que, dans cet intervalle, l'ordre constitutionnel s'est trouvé lui-même ébranlé. Les Chambres ont été long-tems absentes ; dans l'intervalle, une puissance, faite pour contrôler toujours, mais, pour gouverner jamais, la presse, a gouverné en effet ; impuissante sur le pays, impuissante comme une bacchante usée, la presse de l'opposition a eu, par fortune, quelques jours d'empire sur les pouvoirs publics ; et de là est née toute cette tempête à fleur d'eau qui n'avait point de fond, qui ne pénétrait pas, dieu merci, mais qui a agité un moment la surface, et qui pouvait, au premier coup d'œil, tromper les regards de nos partis et ceux de l'étranger.

Cette fortune de la presse a tenu, comme cela devait être, à une faute de l'autorité. Le lendemain des élections, l'autorité s'avisa de dire tout haut

ce que pensait tout le monde, savoir : que la réunion des Chambres serait purement nominale;
qu'en pleine canicule, en pleine récolte, et en pleine
vacance, on ne se mettrait pas à tenir session
dans Paris, qu'on ne présenterait pas, en août
1834, le budget de 1836, qui ne peut être préparé
qu'en janvier 1835; que, destinés forcément à
une session sérieuse d'hiver, les Députés des dépar-
temens lointains, hésiteraient probablement à
traverser deux fois la France pour assister à une
session d'apparat; et que si la Chambre n'était pas
en nombre, la Couronne ajournerait, jusqu'à l'ou-
verture réelle des travaux, l'investiture royale de
la Chambre. Alors s'élevèrent les clameurs, la
Charte violée, son esprit méconnu, ses formes
frappées de dérision par le pouvoir; bientôt arriva
cette découverte, que le pouvoir reculait devant
une Chambre envoyée notoirement pour l'affermir, qu'il suspectait son esprit, qu'il redoutait
toutes ces grandes choses que les oppositions
avaient à dire, qu'il fuyait devant tous ces ton-
nerres de la Tribune qui s'apprêtaient, et qu'en
effet nous avons vus!

Peut-être des intérêts particuliers mêlèrent-ils
leurs voix à ces cris insensés; les amis de ceux qu'at-
tendaient les distinctions que la Chambre confère,
pouvaient être impatiens de voir leurs patrons
en possession de ces honneurs utiles; ils multi-
plièrent les réclamations sur ce que la Charte serait violée, si les Députés, en restant dans leurs
foyers, retardaient de quelques mois le moment

où tel et tel nom auquel se rattachait leur fortune, brillerait sur les colonnes du budget.

Dans cette situation fausse, les incidens, s'ils survenaient, devaient tonner contre le pouvoir. Un incident survint en effet. Don Carlos arriva d'Angleterre au secours de ces intrigues et de ces polémiques. C'était plus qu'un prince qui avit passé, c'était un principe. Il apportait la guerre civile à la Péninsule ; il pouvait apporter au continent tout entier de redoutables commotions. Dès-lors la session pouvait être grave. Dans l'émotion et dans l'attente des événemens, tout le monde arriva.

Il advint de là que la lice fut ouverte, et qu'elle parut l'être contre le goût et le vœu du Ministère. Ne s'y étant pas en effet préparé, il ne put apporter les nombreuses lois qu'il eût été bien de présenter à la Chambre, pour que les esprits s'en saisissent pendant la prorogation. Par cela même, le discours de la Couronne, trop peu rempli, n'agita point les esprits. Et le hasard voulant que l'opposition, délaissée évidemment par le pays, demeurât dans ses tentes, le Ministère fut rendu responsable du silence de ses adversaires, comme s'ils avaient eu l'habitude d'interroger son bon plaisir pour parler et se taire ! Et voyez à quel point la discussion est l'élément principal d'ordre et d'empire, dans ce régime où il faut que l'ordre et le pouvoir jaillissent tout armés du sein de la raison publique et reçoivent d'elle, avec sa sanction, le concours et la puissance !

tous les ressorts de l'État se sont trouvés un moment affaiblis par cela seul que la discussion avait manqué, que les gouvernans étaient accusés de l'avoir redoutée, que l'opposition avait fait défaut en leur présence, et que la tribune, leur point d'appui nécessaire, s'était dérobée sous eux.

D'où il suit que le pouvoir doit s'attacher aux formes non moins qu'aux maximes constitutionnelles, regarder l'ordre constitutionnel comme son aire natale, savoir que là est son arsenal : là sont pour lui et le glaive et le bouclier.

Admirez en effet comme deux séances de discussions solennelles ont tout réparé. Les choses ont été replacées sous leur vrai jour. La Chambre et le Pouvoir se sont reportés au point où ces six mois les trouvèrent. Les nuages se sont d'eux-mêmes dissipés aux vives clartés de la tribune. Le pouvoir a fait comme Antée; il a touché la terre. La majorité l'a revêtu de sa force. Elle s'est donné par là le droit d'être exigente et sévère envers lui, comme la France le sera envers une législature qui a reçu le dépôt des destins publics dans un moment heureux où les factions désarment, quoique libres, où les oppositions se taisent quoique excitées, et où, de toutes parts, éclate, avec la lassitude de nos trop longues discordes, le besoin de diriger l'activité nationale vers des choses utiles. Le moment où nous sommes réalise l'éternel problème de l'association de l'ordre et de la liberté. Notre mission est d'ajouter à ces biens la durée. J'oserai en rechercher les moyens.

CHAPITRE III.

AVENIR DE LA CHAMBRE.

La Chambre est nouvelle. C'est pourquoi il lui fallait s'expliquer sur sa politique. Les Chambres sont les truchemens des nations libres. C'est par elles que la nation interrogée répond : si elles se taisaient, l'instrument serait faussé.

S'imagine-t-on la nouvelle législature des Etats-Unis, se taisant sur la question de la Banque, sous le prétexte qu'elle serait nouvelle, qu'elle ne connaîtrait rien du général Jakson, de ses actes, de ses plans, de sa politique, qu'il lui faudrait voir et s'instruire, qu'elle aviserait quelque jour à prendre couleur sur ces débats ? S'imagine-t-on une Chambre des communes, naissant du milieu des grandes discussions de l'Angleterre, pour déclarer qu'attendu son extraction récente, elle restera neutre entre les réformistes et les conservateurs, qu'elle ne sait rien du passé, qu'en conséquence elle est provisoirement indifférente sur les principes des Wighs ou des Tories, qu'elle verra plus tard !

Encore, ce sont là des questions spéciales, cir-
conscrites, sur lesquelles, à la rigueur, la discussion peut éclairer les esprits ; mais, parmi nous,
c'est la Constitution même qui était, depuis quatre
ans, en litige. Le litige a rempli et troublé nos
assemblées, nos champs, nos cités. La France sa-
vait, en se pressant dans les collèges électoraux,
qu'elle allait le juger et le finir ! Chaque nom,
sorti de l'urne électorale, était un mot de l'arrêt
souverain. Il n'est pas un Député qui ne fût à
l'avance fixé sur son mandat ; chacun d'eux, à
vrai dire, était un mandat vivant. Pour formuler
la volonté de la France, on n'avait qu'à compter.

Le 6 décembre, on l'a fait. On l'a fait dans les
conjectures les plus défavorables, en présence de
tous les dissentimens et de tous les scrupules conju-
rés, quand on avait à combattre toutes les oppositions à la fois, et plus que toutes les oppositions. Le verdict du grand jury national
n'est que plus décisif. Ces six mois n'auront pas
été perdus.

Ces six mois ont prouvé la nécessité des verdicts
positifs, clairs, irrévocables. Par cela seul qu'il y
avait eu doute, doute prétendu plus que réel,
le pouvoir a chancelé sur ses fondemens ; la France
a été agitée, la vie a été suspendue dans tout ce
grand corps.

C'est donc maintenant que la Chambre de 1834
commence sa carrière. Elle a dit quelle politique
elle veut pour la France. Il lui reste à l'appliquer.

Les Chambres sont aussi des pouvoirs. Elles

ont aussi une responsabilité et une histoire : grandes et respectées dans le souvenir des peuples , quand elles prêtent leur concours à un Gouvernement grand et fort , quand elles marquent leur empire par des institutions utiles , et qu'elles laissent leur pays plus avancé qu'elles ne le trouvèrent, dans les voies de la civilisation et de la puissance ; mais oubliées bientôt et quelquefois flétries , si rien d'élevé , de généreux , de mémorable n'est sorti de leurs travaux , si elles n'ont pas laissé une trace profonde dans la reconnaissance des hommes, et n'aient pas la patrie à leurs successeurs plus forte , plus heureuse, plus respectée.

Les deux législatures, auxquelles la Chambre de 1834 succède, ont traversé des conjonctures difficiles et ne sont pas restées au-dessous de leur tâche. Les partis divers pourront leur reprocher des concessions imprudentes, des fautes passagères. Mais, en définitive, l'une a réglé plus que fait une révolution. L'autre a contenu l'anarchie en consacrant la liberté. Ce sont d'éternels titres de gloire.

La législature nouvelle , appelée dans des circonstances moins grandes, n'a pas devant elle les grandes choses ; il lui reste les choses utiles. C'est encore un partage qui veut et bien des lumières, et bien du courage. Aux législatures précédentes, il fallut le courage qui affronte les périls ; à celle-ci, celui qui affronte les difficultés, les ennuis, le labeur ; celui qui n'a plus à dompter le présent, mais à préparer l'avenir et à l'assurer.

Il y va de toutes nos destinées ; car, nous avons vu la France s'attacher au Gouvernement représentatif par ces grandes luttes des vingt dernières années qui en faisaient un champ de bataille, où trente millions d'hommes voyaient vider leurs différens et fixer leur fortune ; mais, maintenant que ces luttes sont ou finies ou suspendues, la France restera-t-elle attachée d'esprit et d'âme à ce régime, nouveau pour ses mœurs, et plus conforme, peut-être, à ses besoins politiques qu'à son état social ! Depuis que le duel de la révolution et de la légitimité ne tient plus en suspens tous les esprits, il est hors de doute que les formes et les pratiques de la liberté ont trouvé un zèle moins fervent chez les Français, et malheur aux flatteurs du pouvoir qui verraient un bien et un progrès dans ce relâchement public ! Le pouvoir n'a de forces, dans la situation de la société française, que par son constant mariage avec la raison générale, par la discussion qui l'éclaire, par l'élection qui la produit. Le jour où le système représentatif serait énervé, affaibli, délaissé, au premier choc des événemens, le trône et la France retomberaient à la merci des révolutions.

L'unique moyen de le rendre cher et sacré aux Français, c'est de le montrer utile dans la paix qui s'annonce, comme il le fut dans nos combats. C'est d'en faire jaillir des biens, moins éclatans sans doute que les controverses éloquentes qui n'étaient guère qu'un écho et un contre-coup de la guerre civile, mais non moins réels, et suppléant par l'utilité à la grandeur.

Une œuvre, grande encore, serait de mettre nos lois en harmonie avec le régime nouveau de la France. Sous la république, nous étions une démocratie violente, inquiète, de toutes parts menacée, et, foudroyant, à coups de lois, les soulèvemens, les dissidences et les coalitions. Ces lois ne peuvent nous convenir.

Sous l'empire, nous étions une monarchie aristocratique, militaire et absolue. Beaucoup de ses lois ne peuvent nous convenir.

Sous la restauration, nous étions une monarchie constitutionnelle, tourmentée par les réactions. Les lois où cet esprit a pénétré ne peuvent nous convenir.

Je ne parle pas de l'ancien régime, dont les ordonnances, en une foule de cas, nous régissent encore. Que dire, quand ses règlemens sont tous les jours invoqués par les arrêts dans les questions de la presse, quand nous voyons les arrêtés de police, des premiers jours de Louis XIV, revendiqués dans les périls publics? Cet amoncellement de lois contradictoires, anthipathiques à nos idées et à nos mœurs, est contraire aux intérêts de la justice, à ceux de l'administration. Il l'est à ceux de la liberté, contre laquelle les partis victorieux trouveraient tous, dans cet arsenal ouvert, des armes redoutables. Une législature, qui a devant elles quatre années, peut prétendre à le fermer.

L'entreprise a été conçue déjà, et mise à exécution par un Ministre de la restauration que j'aime à louer en ceci, parce que je l'ai combattu plus que personne, et qu'il est malheureux. M. le comte de Peyronnet eut la gloire de vouloir accomplir cet œuvre de géant. Une Commission formée en 1827 des esprits les plus éminens, sous la présidence de M. de Pastoret, s'attacha courageusement au plus vaste travail de codification qui ait jamais occupé des législateurs. Le tems manqua. Mais le travail était avancé ; le monument s'élevait. Il ne reste plus qu'à le reprendre et à le terminer.

Je sens très-bien que si les Chambres entendaient revoir, refaire, amender sans fin les dix mille articles des nouveaux Codes qui passeraient sous leurs yeux, ce serait une tentative surhumaine. Mais elle deviendrait possible et facile, quand les Chambres auraient compris qu'il s'agit d'abord de colliger et de coordonner nos lois sans nombre : on réserverait pour d'autre tems la tâche de tout perfectionner.

Une partie importante de notre législation demande des améliorations immédiates : c'est celle de l'armée. Incohérente, incomplète, et par fois sauvage, cette législation est en désaccord avec toutes les idées et tous les besoins de notre époque. M. de Caux honora son trop court ministère par la confection d'un Code militaire qui traversa, en s'enrichissant d'améliorations nombreuses, l'épreuve d'une discussion de quatre mois à la Chambre des Pairs. C'est un travail qui peut être immédiatement repris. De bonnes lois sont nécessaires à une bonne armée.

Soutenus par l'esprit général de la Chambre haute et de tous les savans hommes qu'elle renferme, les auteurs de ce Code y avaient déposé un principe généreux que je voudrais voir, il faut le dire, introduit dans le Code pénal du pays. Ils avaient distingué, dans l'échelle des crimes, même de ceux qui appellent les peines les plus terribles, les infractions aux lois éternelles du genre humain et les infractions aux lois nécessaires de la discipline. Ils avaient eu soin de distinguer aussi les peines, de ne jamais appliquer le même châtiment à ces deux ordres de crimes, de ne pas confondre ces coupables divers dans une même destinée, de ne pas prétendre leur infliger la même infamie, parce que la conscience s'en révolte, que l'opinion s'y refuse, et qu'avec elle ou sans elle, on peut frapper; sans elle, on ne peut flétrir.

Ainsi, voyons-nous la même chaîne de forçats, dans sa marche à travers nos cités, comprendre le bandit infâme et le soldat qui sera coupable des plus graves manquemens envers la loi militaire? Croyez que ce spectacle, au lieu d'affermir la sainte autorité de la discipline dans les rangs de la troupe, est bien plus propre à l'ébranler; tous les esprits comprennent que la discipline voulait un sacrifice : ils comprendraient celui de la vie. Mais celui - là est trop grand ! Tant d'opprobre blesse les âmes et les révolte.

Je dirai de la cité ce que j'ai dit de l'armée. Prenez la même chaîne et, entre toute cette lie des sociétés humaines, entre tous ces êtres déchus qui s'enorgueillissent de leur infâmie et font parade de crimes aux yeux du peuple, placez-moi un homme, coupable aussi, grand coupable : car il a attenté aux lois, par lesquelles l'État, en se défendant, défend le repos et les libertés de tous les citoyens : vous n'aurez pas besoin de désigner cet homme à la foule. Elle le reconnaîtra à son front rougissant ; un intérêt universel s'éveillera à sa vue ; ne venez pas dire à ce garde national, qui lui apporte de l'argent et du pain, qu'il le combattit hier, que ce condamné servit telle ou telle cause, conspira dans tel ou tel but. Il s'opère, dans les sentimens de la foule assemblée, un travail qui démolit tout l'ouvrage de la justice. Loin de se fortifier, le législateur n'a fait que s'affaiblir, en voulant plus qu'il ne pouvait, en demandant à l'opinion ce qu'elle ne consent pas à lui donner.

En général, il est permis de penser que le principe des actions humaines n'est pas assez pesé par les législations pénales, et c'est là pourtant qu'il faut remonter pour apprécier le crime, mesurer en quelque sorte le degré de perversité qu'il décèle, et juger, non-seulement quelle peine il mérite, mais quel régime pourra redresser cette âme abaissée, et la rendre au bien. Frappez de la même peine, condamnez à la même existence, aux mêmes habitudes, à la même compagnie, le meurtrier qui a voulu tuer pour consommer ses brigandages, et celui dont une affreuse jalousie conduisait le bras ou l'escroc, le faussaire et le perturbateur de la paix publique, l'adolescent et le vieillard, l'écrivain et l'illétré, vous ne faites point de la justice, vous ne faites point de l'égalité; ou c'est une égalité, une justice de plomb, celle qui a en main le niveau, non pas la balance. Et vous vous exposez à enfanter une autre égalité fatale, celle de la révolte intérieure, de l'endurcissement, de la corruption.

Au reste, tout le régime de nos géoles demande une attention religieuse et persévérante. Seules, les maisons centrales de détention deviennent dignes du degré de civilisation où nous sommes parvenus. Mais, aux deux extrémités de cette triste échelle, les maisons de dépôt et les bagnes, les bagnes sur-tout qui sont des ateliers de perversité, les bagnes qui font horreur par l'excès de la dépravation et par l'excès de la misère, les bagnes qui rassemblent, perpétuent et propagent toutes les dégradations humaines, les bagnes exigent que, libre enfin des agitations de la politique, le Gouvernement fixe sa sollicitude sur les moyens d'en faire les lazarets de la société et non pas ses fléaux. Sans avoir foi entière au système pénitentiaire des États-Unis, sans le croire sur-tout approprié à notre caractère national, et sans recommander non plus les colonies pénales de l'Angleterre, qui, entre autres inconvéniens, ont celui d'être impraticables, un régime meilleur ne peut-il pas être institué ? Des distinctions efficaces ne peuvent, ne doivent-elles pas être établies, selon la nature des crimes plutôt que des peines, selon les âges, les éducations, les antécédans? Des déportations réelles, mais restreintes à certaines espèces de crimes, ne sauraient-elles être appliquées avec succès? Serait-il impossible même que, pour la répression de certaines sortes de *délits*, une déportation, passagère par conséquent et non imfamante, fût introduite avec utilité dans nos Codes, et nous permît de verser sur nos colonies, et en particulier sur celle qui est le plus près de la France, sans en exposer le repos ni même la considération, des esprits égarés, mais non encore perdus sans retour, qui se réconcilieraient plus promptement et plus sûrement avec les lois à ce grand air, que dans l'atmosphère fétide et empoisonnée des prisons.

Sans insister particulièrement sur aucune de ces idées, on peut du moins regarder, comme un des premiers devoirs du Gouvernement et de la législature, de s'occnper avec zèle de questions qui touchent de près à la moralité des masses. Si on songe combien énorme est le chiffre des habitans de la France qui traversent nos prisons tour à tour, on compreudra l'importance d'arriver au tems où elles cesseront d'être des écoles de désordre et de vice. Il est digne de la civilisation actuelle de poser le principe qu'en sévissant, la société entend moins se venger que se défendre, et qu'elle croit se défendre surtout, non pas en rendant le coupable impuissant, mais en le rendant meilleur. Si le flot qui traverse les prisons , les maisons de détention , les ateliers disciplinaires, les bagnes , rapportait sur le pays moins de semences funestes et plus de germes heureux, on peut affirmer que l'Etat moral du peuple en serait changé !

Or , ce doit être là pour nous une préoccupation constante. Un travail opiniâtre mine la société. La sape est sous l'édifice. L'unique moyen de défense est d'éclairer les esprits et surtout de les relever. Les salles d'asile de l'enfance , les écoles , les Caisses d'épargne , un bon et véritable régime pénitentiaire, voilà les arsenaux où nous devons chercher nos armes contre les artisans de trouble et de destruction ; et , d'un autre côté , on peut être certain que, dans la disposition actuelle des esprits , la plus belle des controverses politiques sera loin d'attacher le pays à ses représentans, comme la simple , mais féconde proposition de M. Benjamin Delessert et de M. Charles Dupin.

Après l'application de tous les bons esprits à développer l'intelligence et la moralité des masses, le premier service à leur rendre est d'augmenter les sources du travail. L'enquête sur les tarifs aura probablement le double résultat d'indiquer des innovations fructueuses , et de légitimer, aux yeux de tous, sous les autres rapports , l'état de choses existant. Mais ce qui se fait au grand jour sur les tarifs , pourquoi le Gouvernement ne le ferait-il pas, dans le secret de ses veilles, sur les impôts ? Le Gouvernement doit bien savoir qu'assis comme il l'est sur la place publique, et devenu simplement, en quelque sorte, le syndicat des intérêts généraux, il est condamné à un perpétuel effort, pour favoriser ces intérêts et les enchaîner à lui; il ne peut vivre qu'à la sueur de son front; pour lui, les jours de paix publique doivent être ceux de l'étude et du travail; le relâchement ne lui est jamais permis. Et les frais considérables de perception, les complications de notre système d'impôts, l'importunité de plusieurs, le poids dont quelques-uns entre autres pèsent sur l'agriculteur et sur le pauvre, me semblent demander que des Ministres habiles cherchent, dans l'examen de toutes ces questions, des élémens nouveaux de bien-être public. Je parle d'examen seulement. L'expérience de 1830 a fait voir combien ces matières sont délicates; on ne proposera jamais à une administration éclairée de passer, sans une réserve extrême, d'un régime consacré par un long usage à un régime nouveau.

Nous entendrons recommander beaucoup l'économie à la Chambre; c'est un cri de guerre qui n'interdit pas les gros traitemens, souffre même les cumuls, et y ajoute celui de la popularité. Moi qui pense que la France est le pays de l'univers où le pouvoir, pour être grand, a le plus besoin de le paraître, où l'éclat est le plus près de la force, où les gouvernemens sont le plus obligés à *faire* beaucoup, pour occuper les esprits et les captiver, je crois que, dans l'état où nous sommes, la plus sûre des économies consiste à n'avoir que des dépenses bien entendues et profitables. Notre loi des cent millions de travaux, par exemple, me semble une des gloires et des richesses de notre époque. C'est dans de telles choses que ce Gouvernement-ci doit chercher sa force et sa grandeur. Du reste, un examen attentif convaincra bientôt la Chambre qu'on ne peut obtenir une diminution sensible dans le chiffre des budgets, que par la diminution de l'effectif de l'armée. C'est demander une loi de réserve, qui allége le trésor sans affaiblir l'Etat, et appelle plus de Français sous les drapeaux, sans y entretenir à la fois autant de soldats.Les avantages sont nombreux. Le drapeau est encore une école d'ordre, d'instruction, de nationalité, l'agriculture a plus de bras, l'armée plus de vétérans. Mais les difficultés sont grandes, et le pays n'a pas de plus pressans besoins que de les voir résolues.

Je ne puis taire que, dans mon opinion, le système général des pensions appelle aussi de sérieuses études, non pas pour abaisser des tarifs qui sont maintenant le droit acquis de l'armée, et qu'il serait aussi impolitique qu'injuste de changer; mais pour fixer d'une manière stricte les règles d'exécution; mais pour concilier, et le bien du service qui veut, en effet, que les serviteurs épuisés fassent place à de plus robustes ; et l'intérêt général de l'Etat qui souffre de la loi fatale, par laquelle, à un âge donné, quelles que soient les forces, la capacité, l'illustration, toutes les carrières sont brisées; et les exigences de la fortune publique, blessée par ces réductions nominales de cadres où les noms ne disparaissent que pour être accumulés sur le livre de la dette inscrite. Il y a là des abîmes. La retraite étant forcée après les trente ans de service, douze ans d'un grade assurant des avantages équivalens au grade supérieur, et la réforme permettant au militaire de préparer son retour à la vie civile, en même tems qu'elle permet au Ministre de disposer d'une place de plus, il arrive qu'on désire la réforme au lieu de la craindre, qu'on sert en vue de la retraite, et non pas en vue de l'avancement et pour les chances de la carrière. Par là, l'esprit militaire s'affaiblit ; le métier des armes, par cette cause de plus, cesse d'attirer la jeunesse aisée qui reste oisive et devient hostile; la discipline a moins de puissance, parce que ce n'est plus au drapeau que s'attachent les espérances véritables. Et, risquant d'avoir à la longue une moins bonne armée, l'état en paie deux, ou trois; il paie l'activité, la réforme et la retraite. La liste de notre état-major en retraite, si elle était fournie, effraierait.

L'esprit de l'armée ne pourrait être soutenu que par les récompenses d'opinion et d'honneur. C'est pour elles qu'elles sont le plus rares. Dans les carrières civiles, l'unique distinction dont le Gouvernement dispose s'obtient sans condition de tems. Pour l'armée, les règlemens s'appliquent avec une juste sévérité ; d'où il arrive qu'elle est moins bien traitée, qu'elle le sent, qu'elle en éprouve une impression douloureuse. M. le Ministre de la guerre est en même tems Président du conseil et grand-chancelier de la Légion-d'Honneur. Il sera digne de lui d'aviser au mal que je signale. On lui devrait un double bien : il releverait la plus nationale des institutions de l'empire, et on ferait droit aux justes susceptibilités de l'armée.

Les administrateurs, en général, prendront leur place dans la considération publique, moins par des distinctions prématurées, que par la fixité des positions, la marche graduelle des avancemens et le choix habile des hommes. On ne peut s'empêcher de croire que, sans affaiblir l'universelle et constante dépendance des hiérarchies administratives, la prérogative ne pût se tracer des règles, se fixer des conditions et des dégrés, qui, laissant moins de latitude à ses choix, donneraient plus de garanties au mérite et assureraient davantage l'estime et la confiance des administrés, en leur répondant des services précédens et des connaissances spéciales de l'administrateur. Ce sont les élévations subites, les apparitions inattendues, qui enlèvent à l'autorité *cet ascendant moral* que l'adresse invoquait avec tant de raison. On n'attire pas suffisamment les respects de la foule, quand elle suit de trop près votre marche au pouvoir depuis votre point de départ. Nous voulons de l'expérience au barreau. Nous exigeons un apprentissage dans tous les états. Il en faut aussi pour gouverner les empires. Il en faut pour régir un département. On manie mal un instrument qu'on ne connaît pas. On consent trop volontiers aux sacrifices d'une autorité dont on ne sait bien ni les droits, ni l'utilité. Enfin, par là, le Gouvernement n'est pas aux prises avec moins d'ambitions. Mais, aspirant toutes aux plus hauts postes, elles sont plus difficiles à satisfaire. En les obligeant à rabaisser leur vol et à le régler, on ne les découragerait pas. A Dieu ne plaise ! On n'a point ce péril à craindre. Mais on en contenterait un plus grand nombre, et on les disciplinerait.

Je demande pour l'administration des garanties, j'exige d'elle de l'expérience, afin de lui donner du relief et, par conséquent, de la force; car sa force est celle du pays même. Elle est l'unique lien de cette France démocratique et libre; affaiblissez-le, vous êtes une place ouverte, et pour les factions et pour l'étranger.

Mais, attaquée par la liberté même qu'elle rend seule possible, la centralisation est tenue de se défendre par ses services ; il ne faut pas seulement qu'elle administre mieux que l'esprit de localité, si étroit, si partial, si tracassier de sa nature : c'est chose facile ; il est le pire des gouvernans. Mais il faut qu'elle administre plus vite, et des griefs fondés peuvent s'élever sous ce rapport. La multiplicité de nos lois, le nombre croissant des garanties et, par suite, des formalités, des réclamations, des exigences, la diminution en même tems progressive des subsides de l'administration, sont des causes de lenteur réelle; il en est d'autres tels que les embarras politiques du Ministère, ceux même des autorités locales, la contagion de l'exemple, la répartition du travail dans le conseil d'État. De bons esprits pensent que des règles pourraient être posées et parer à tout.

Une loi sur le conseil d'État devra être présentée. Puissent ses auteurs, puisse la Chambre ne pas porter la main sur cette institution sans, avoir bien médité la pensée de Napoléon en la créant! Ce n'est pas l'esprit judiciaire qui doit la règler, c'est l'esprit politique. Il faut discerner, dans ce magnifique instrument du pouvoir, un vaste et habile assemblage de garanties. Les garanties y sont calculées si bien que la France a, depuis trente années, traversé bien des réactions; il les a toutes tempérées. Avec un régime administratif qui touche à tous les intérêts, dans les jours de 1815 ou de 1830, des autorités partiales eussent porté le trouble et la tyrannie partout. Le conseil d'État, dépositaire des règles qui ne varient pas au gré des passions, les a toujours opposées à la partialité, et en l'enchaînant, a maintenu les citoyens tranquilles et libres

En réformant le conseil d'Etat, on peut affaiblir grandement la royauté. Fortifiera-t-on la liberté? J'en doute. Car ce qu'on lui ôtera sera donné aux tribunaux, et les citoyens comme les Chambres s'appercevront que le pouvoir judiciaire est aussi un pouvoir. Mais, contre celui-là, il n'y a point de recours.

Sans anticiper sur la discussion des attributions du conseil d'Etat, je dirai que le Gouvernement ne tire pas de cette institution tout le profit qu'il en pourrait attendre. Trop de personnes sont appliquées aux mêmes choses. Les affaires marchent par là même plus lentement. On ne soumet point à ce corps éclairé les projets de loi, d'où il suit que le ministère est livré à toutes les erreurs possibles des bureaux et à toutes les contradictions inattendues des Chambres. C'est contre les préventions et la spécialité exclusive des bureaux, que Napoléon avait fondé le conseil d'Etat. C'était aussi pour assurer ses rapports avec les assemblées législatives, dans un tems où il les prenait encore au sérieux.

Enfin, il avait, dans sa quadruple hiérarchie, quatre buts qu'on néglige, et que, dans une organisation nouvelle, on pourrait retrouver : d'appeler l'élite de la jeunesse par une distinction prématurée au service de l'Etat, plutôt que de la laisser à celui des partis, et peut-être faudrait-il faire aux talens précoces des places utiles ; de se préparer pour les assemblées de jeunes orateurs qui ne laissassent point au barreau, et peut-être à l'opposition, le privilége exclusif de la parole ; d'établir un utile roulement de l'administration pratique, et de l'administration théorique ou centrale ; d'avoir dans la présidence des comités, alors dévolue à des Ministres d'Etat, des situations éminentes qui convenaient à des serviteurs éprouvés dans les premiers postes de l'Empire. Aujourd'hui, les hommes qui ont traversé le Ministère sont forcément perdus pour la chose publique, ou bien il faut laborieusement leur trouver des retraites dignes d'eux. On sent les inconvéniens de ce régime. Et l'un des inconvéniens est qu'un fonctionnaire éminent, que la couronne appelle à l'honneur de siéger sur les marches du trône, mesure, non ses forces, mais son avenir, et refuse, ou bien fait des conditions qui, dès l'abord le compromettent auprès de l'opinion publique qu'il doit satisfaire et gouverner.

On pourrait aussi appliquer utilement au conseil d'État les principes qui régissaient les conseils de Cabinet. Un certain nombre de Pairs, de Députés, de magistrats, pourraient être appelés à participer, dans les commissions spéciales, à la confection des lois. Si ce travail était toujours dévolu aux comités qu'il concerne, on n'affaiblirait pas le conseil dans la considération publique, comme on y est exposé aujourd'hui par les commissions prises au hazard, dans lesquelles il ne figure qu'accidentellement. D'un autre côté, en conviant les lumières extérieures, on ajouterait au crédit du corps, et on établirait des rapports heureux entre les pouvoirs différens.

Par ces travaux qui pourraient toujours, quelque forme qu'on emploie, être plus fréquens, on éclairerait des hommes que la prévention et l'inexpérience des affaires portent souvent dans les rangs ennemis. On en rapprocherait d'autres que ces quatres années ont jetés dans des rangs contraires, et que les difficultés du retour maintiennent bien souvent dans des routes qui manquent sous leurs pas. Applanissez-leur le retour. Rendez partout le désarmement facile. Ces quatre années, au fait, ont été un tems de doute et d'incertitude pour tout le monde. Sur cette mer orageuse, ies lois, les vœux, les destinées de la France n'apparaissaient qu'à travers mille nuages. Ceux qui ont eu le bonheur autant que le mérite de prendre terre les premiers, doivent tendre la main à tous les autres.

Je m'arrête : dans cet aperçu si incomplet, et déjà trop long, peut – être, on n'a présenté quelques idées au hasard, que pour mieux faire comprendre la pensée générale ; sur quelques points, d'ailleurs, on se sentait enhardi par l'espérance d'exprimer, d'une voix sincère, des vœux qui sont ceux de beaucoup de bons citoyens.

On s'est abstenu de parler des grandes questions déjà soumises aux deux Chambres, et de quelques autres qui demandent l'intervention du tems. On a voulu frapper les esprits de la nécessité de consacrer cette législature à poursuivre toutes les améliorations sociales, à mettre en lumière toutes les sources de la richesse publique, à découvrir deux choses, les élemens d'économie véritable et de véritable pouvoir dans l'état actuel de la France, afin d'asseoir notre société agitée sur de telles bases, qu'elle puisse dominer d'un front tranquille les grands événemens qui iront s'accomplissant autonr de nous dans l'univers. Cette tâche est celle de tous les bons citoyens. La mission du Gouvernement est de les rallier, en voulant ce qu'ils veulent, et en faisant mieux.

On remarquera que je n'ai porté les yeux sur aucune de nos lois politiques, celles qui ont établi nos libertés populaires, et fait le fond de tous nos débats, depuis quatre années. Ce n'est pas assurément que je les croie, de tous points, parfaites ; mais je ne les connais pas : personne ne les connaît. Nous ne les avons vues en action que dans un tems de fièvre publique : attendons qu'elles aient traversé des jours de calme, pour les juger.

D'ailleurs, je le dirai sincèrement : une société, démocratique comme la nôtre, m'inspire beaucoup d'alarmes pour l'ordre, quand elle s'agite ; tranquille, elle serait plus près de m'en inspirer pour la liberté.

La législature actuelle n'a rien à voir à ces lois. Reprendre ! qui lui en donnerait le conseil ? Donner ! la France ne le demande pas. Elle n'est pas en avant de ses institutions ; elle a plutôt à s'y acclimater, à s'y attacher sans retour, ou si quelqu'une de nos lois fondamentales peut être un jour utilement complétée, le moment n'en est pas venu ; il faut attendre, après la force qui vient de l'accord des pouvoirs, celle qui vient du tems.

Alors les concessions sont sans péril ; elles ne sont pas exigées ; on ne les marchande pas ; on sait gré à la main qui donne, parce qu'elle aurait pu rester fermée.

En tout état de cause, il y a cette distinction à faire. Les concessions aux passions mauvaises, sont toujours funestes; elles vous affaiblissent toujours : car elles font entrer l'ennemi sur vos terres. Mais les concessions aux intérêts réels, aux vœux légitimes, celles-là sont bonnes et profitables. Je les conseillerai sûrement; le moment arrivé, je les demanderais ; elles donnent des soldats; elles créent des alliés ; elles fortifient : ce sont les concessions de Rome aux villes latines ; c'est par là que Rome a conquis le monde.

Et dans tout ce qui occupera la Chambre au sein de laquelle j'ai l'honneur de siéger, j'aurai toujours, pour mon compte, et je désirerai toujours lui voir cette pensée : fortifier le pouvoir, sans détriment de nos libertés. Fortifier le pouvoir, pour fortifier la France.

Un grand mouvement s'accomplit dans la constitution européenne. Au nord, tout s'agglomère, tout devient compacte. La Pologne se perd dans la Russie; l'empire germanique, émule de son aigle, n'est plus qu'un corps à deux têtes. Au midi, tout se dissout. La division, qui naît des partis, et celle qui naît des pouvoirs, créent dans tout l'Occident un affaiblissement progressif dont il faudrait prendre épouvante, si on n'avait droit d'attendre qu'une Chambre qui, à son début, a si bien compris la nécessité d'affermir le trône, les institutions et l'ordre, saura, pendant la durée de son mandat, raffermir, relever, aggrandir cette France, le rempart et la pierre angulaire de l'Occident, nous ne le pouvons qu'en ramenant les partis dans le cercle constitutionnel par notre sagesse , et en consolidant le pouvoir par notre politique. Dans l'exercice de sa propre prérogative , la Chambre gardera fidèlement une double mesure. C'est de ne jamais rien sacrifier du dépôt saint des libertés publiques, mais aussi de ne jamais compromettre cet autre grand dépôt national , la puissance extérieure de l'État, l'unité qu'elle exige, et le rôle qui nous attend dans les affaires du monde.

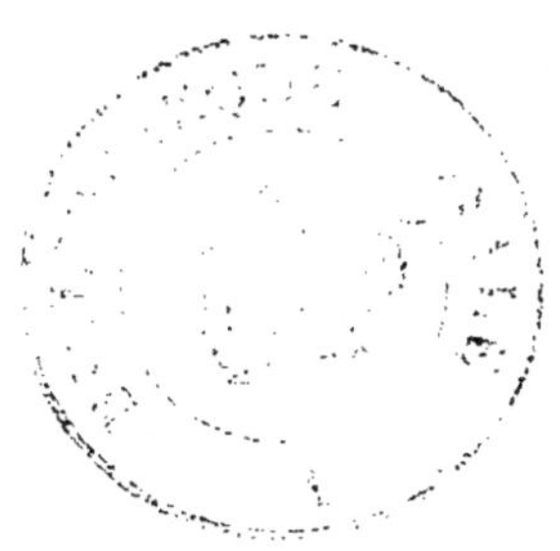

Imprimerie de A. Henry, Imprimeur de la Chambre des Députés , rue Gît-le-Cœur, n° 8. — (1835.)

9 782012 465596